普通公路
排查治理指南

| 隧道篇 |

公安部道路交通安全研究中心 编

人民交通出版社
北京

内 容 提 要

本书根据近年来普通公路隧道的交通事故特征,从隧道入口段、隧道内部和隧道出口段详细阐述了隧道的隐患排查要点与治理措施,辅以典型案例进行解析说明,并以附录形式提供了隐患排查对照表、隐患治理措施表及相关标准规范。

本书可作为公安机关交通管理部门、交通运输部门、公路经营与管养等单位开展公路安全隐患排查治理的技术参考书,也可供高等院校相关专业师生阅读参考。

图书在版编目(CIP)数据

普通公路安全隐患排查治理指南.隧道篇/公安部道路交通安全研究中心编.— 北京:人民交通出版社股份有限公司,2024.7
ISBN 978-7-114-19544-0

Ⅰ.①普⋯ Ⅱ.①公⋯ Ⅲ.①道路施工—安全管理—指南 Ⅳ.① U415.12-62

中国国家版本馆 CIP 数据核字(2024)第 103511 号

Putong Gonglu Anquan Yinhuan Paicha Zhili Zhinan——Suidao Pian

书　　名:	**普通公路安全隐患排查治理指南——**隧道篇
著 作 者:	公安部道路交通安全研究中心
责任编辑:	杨丽改　刘捃梁
责任校对:	孙国靖　宋佳时
责任印制:	刘高彤
出版发行:	人民交通出版社
地　　址:	(100011)北京市朝阳区安定门外外馆斜街3号
网　　址:	http://www.ccpcl.com.cn
销售电话:	(010)59757973
总 经 销:	人民交通出版社发行部
经　　销:	各地新华书店
印　　刷:	中国电影出版社印刷厂
开　　本:	880×1230　1/64
印　　张:	1.25
字　　数:	30千
版　　次:	2024年7月　第1版
印　　次:	2024年7月　第1次印刷
书　　号:	ISBN 978-7-114-19544-0
定　　价:	20.00元

(有印刷、装订质量问题的图书,由本社负责调换)

编审人员

主　　审：刘　艳　王敬锋

主　　编：徐鹏飞　刘　君

编写人员：周志强　柴树山　肖鹏飞

　　　　　刘智洋　徐炅旸　姚　疆

　　　　　戴依浇　柴亚南　朱建安

　　　　　王泽旭

前言

近年来,我国公路里程保持快速增长,在提升人民生活质量,促进国民经济发展的同时,也带来了交通安全管理问题,特别是普通公路[1]由于道路场景多样、环境复杂、交通冲突多,加之部分道路安全设计不完善、基础交通安全设施缺失,导致普通公路交通事故多发易发。从近几年的统计看,普通公路的交通事故死亡人数占交通事故总死亡人数的一半以上,交通安全风险突出。

---

[1] 依据《公路工程技术标准》(JTG B01—2014),公路分为高速公路、一级公路、二级公路、三级公路及四级公路五个技术等级,除高速公路外,其余技术等级公路统称为普通公路。

普通公路安全隐患排查治理指南
——隧道篇

为有效防范化解普通公路安全风险,推动交通安全治理模式向事前预防转型,提升普通公路安全隐患排查治理成效,公安部道路交通安全研究中心编制了《普通公路安全隐患排查治理指南》,包括《平交路口篇》《弯坡路段篇》《隧道篇》《路侧险要篇》《穿村过镇篇》《不良路段组合篇》《施工路段篇》等,旨在作为工具书,提升普通公路安全隐患排查工作的专业性和规范性,供各地开展普通公路安全隐患排查治理工作参考。

本书为隧道篇,从隧道入口段、隧道内部和隧道出口段方面详细阐述了隧道的隐患排查要点与治理措施,并辅以典型案例进行解析说明,同时以附录形式提供了普通公路隧道隐患排查对照表、隐患治理措施表以及与隧道隐患排查工作相关的标准规范。

本书在编写过程中得到公安部交通管理局的精心指导,也得到了安徽、浙江、福建、重庆、新疆等地公安机关交通管理部门的支持与协助,同时还参考和引用了同行和前辈的部分研究成果,在此一并表示衷心感谢。

书中内容难免有不足之处,敬请各位读者批评指正。

编 者
2024 年 5 月

目录

第一章 隧道的定义及分类 ·················· 1
  一、隧道的定义 ·············· 2
  二、隧道的分类 ·············· 2
  三、隧道的组成 ·············· 3

第二章 排查要点 ······························ 7
  一、隧道入口段 ·············· 8
  二、隧道内部 ················ 12
  三、隧道出口段 ·············· 23

第三章 治理措施 ······························ 27
  一、隧道入口段 ·············· 28
  二、隧道内部 ················ 30

普通公路安全隐患排查治理指南
——隧道篇

　　三、隧道出口段 ·············· 31
第四章　典型案例 ················ 33
　　一、隧道1 ················· 34
　　二、隧道2 ················· 38
附录一　隐患排查对照表 ············ 42
附录二　隐患治理措施表 ············ 48
附录三　主要参考标准与规范 ·········· 50
参考文献 ···················· 69

第一章

隧道的定义及分类

一、隧道的定义

隧道，一般指从地层内部或水底通过而修建的建筑物，主要由洞身和洞门组成，供机动车通行或兼供非机动车、行人通行。

二、隧道的分类

按照长度的不同，隧道可分为特长隧道（$L>3000m$）、长隧道（$1000m<L\leq3000m$）、中隧道（$500m<L\leq1000m$）和短隧道（$L\leq500m$）四类。按照横断面的布置形式分为双向行车单洞隧道和单向行车双洞隧道，如图1-1、图1-2所示。

第一章 隧道的定义及分类

图 1-1 双向行车单洞隧道

图 1-2 单向行车双洞隧道

三、隧道的组成

车辆行经隧道路段时,由隧道入口段驶入隧

道，穿过隧道后经隧道出口路段驶出隧道，如图 1-3 所示。

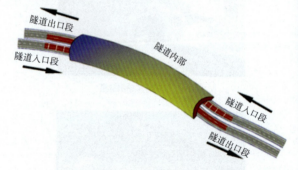

图 1-3　隧道路段行车路径

按照行车路径，隧道由外部和内部两部分组成。

隧道外部结构包括隧道入口段和隧道出口段，引导车辆安全、顺畅地驶入和驶出隧道。

隧道内部结构物主要有紧急停车带、人行横洞及车行横洞，如图 1-4 所示。

紧急停车带是指隧道内供故障车辆、巡检车

第一章 隧道的定义及分类

辆等临时停车的区域，如图 1-5 所示。

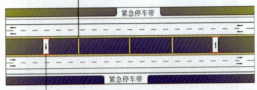

图 1-4 隧道内部结构物

图 1-5 公路隧道紧急停车带

车行横洞是指紧急情况下供救援车辆或人员出入的通道，如图 1-6 所示。

图 1-6 车行横洞

人行横洞是指紧急情况下供人员逃生或救援人员出入的通道,如图 1-7 所示。

图 1-7 人行横洞

第二章

排查要点

隧道作为道路交通的重要节点,由于道路断面和通行条件较为特殊,在隧道路段行车时受各类因素影响较大,事故风险高,发生危险货物运输事故后逃生组织较为困难,极易引发恶性事故,一直是道路交通安全管理的重点和难点。为加强隧道路段隐患排查,提高行车安全性,按照隧道路段行车路径,应重点排查隧道入口段、隧道内部、隧道出口段等三个点段。

一、隧道入口段

重点排查入口段线形、隧道提示指示及入口防护等三个方面。

1. 入口段线形方面

(1)平面线形,排查入口段曲线线形是否存

在视距不良、通视条件较差等问题;

(2)纵断面线形,排查入口段变坡点竖曲线半径是否太小,洞口是否处于坡顶或坡底,是否存在视距不良、通视条件差等问题;

(3)入口段平面线形和纵断面线形是否满足3s设计速度行程长度,即隧道内、隧道外各3s设计速度行程长度的平纵线形保持一致。设计速度行程长度如表2-1所示。

设计速度行程长度　　表2-1

设计速度(km/h)	120	100	80	60	40	30	20
行程长度(m) 3s	100	83	67	50	33	25	17
行程长度(m) 6s	200	166	134	100	66	50	34

2. 隧道提示指示方面

(1)交通标线:

①隧道入口前150m范围内是否设置禁止跨越对向行车道分界线或禁止跨越同向行车道分界线;

②隧道入口宽度窄于洞外路基或桥梁段时，一级公路隧道入口前不少于50m范围，其他公路不少于30m范围的右侧硬路肩或左侧路缘带内是否设置导流线；

③隧道洞口内外3s行程范围内路面材料是否一致，不一致的是否进行防滑处理；

④隧道入口洞门是否设置立面反光标记，立面反光标记是否距离路面2.5m以上高度，如图2-1所示；

⑤入口段是否设置行车道边缘线。

图2-1 洞门立面反光标记

(2)交通标志:

①入口段是否设置限制速度、禁止超车等禁令标志;

②入口段是否设置开车灯标志;

③长度大于500m的隧道,入口段是否设置隧道信息标志(包括隧道名称、长度等信息,如图2-2所示);

④一级公路入口段是否设置可变限速标志和可变信息标志。

图2-2 入口段标志设置示例

3. 隧道防护方面

（1）入口段左右两侧不同形式的护栏是否进行过渡处理，是否渐变至隧道入口，是否与隧道壁搭接平顺，护栏端头是否暴露于迎车面；

（2）隧道内通行非机动车时，机非隔离栏杆与护栏是否安全处理。

二、隧道内部

重点排查隧道内行车稳定、行车诱导、行车指示、行车视认、监控紧急消防等五个方面。

1. 行车稳定方面

隧道内部路面是否平整，是否存在坑槽、塌陷现象；隧道内部排水设施是否通畅，是否出现排水沟堵塞、路面积水现象；隧道入口、出口路面摩擦性是否满足相关标准要求，如表 2-2、

表 2-3 所示。

沥青路面抗滑技术要求 表 2-2

年平均降雨量 (mm)	交工检测指标值	
	横向力系数 SFC_{60}	构造深度 TD（mm）
> 1000	≥ 54	≥ 0.55
500~1000	≥ 50	≥ 0.50
250~500	≥ 45	≥ 0.45

水泥路面表面构造深度要求（单位：mm）表 2-3

公路等级	高速公路、一级公路	二级、三级、四级公路
一般路段	0.70~1.10	0.50~1.00
特殊路段	0.80~1.20	0.60~1.10

2. 行车诱导方面

（1）隧道侧壁和检修道侧壁是否设置双向反光轮廓标，是否在公路前进方向左右两侧对称设置，一级公路应为"左黄右白"，二级及二级以下公路两侧应均为白色如图 2-3 所示。

（2）特长隧道、长隧道是否按照 500m 间距设置轮廓带，如图 2-4 所示。

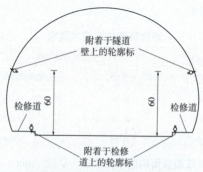

图 2-3　隧道内部轮廓标设置示例（尺寸单位：cm）

图 2-4　隧道内部轮廓带

（3）隧道弯道半径小于表 2-4 中圆曲线最小半径一般值时，是否设置线形诱导标，诱导标底部与路面边缘高差是否为 1.2~1.5m，驾驶人在曲线范围内能否看到不少于 3 块线形诱导标。

圆曲线最小半径一般值表　　　　表 2-4

设计速度（km/h）	120	100	80	60	40	30	20
圆曲线最小半径一般值（m）	1000	700	400	200	100	65	30

3. 行车指示方面

（1）设有人行横通道的公路隧道是否设置人行横通道指示标志，如图 2-5 所示。

（2）设有车行横通道的公路隧道是否设置车行横通道指示标志，如图 2-6 所示。

图 2-5　人行横通道标志　　图 2-6　车行横通道标志

（3）设有紧急停车带的公路隧道是否设置紧急停车带位置提示标志、紧急停车带指示标志，紧急停车带迎车面是否设置立面反光标记，紧急停车带指示标志是否设置于紧急停车带入口前5m，标志底部与路面边缘高差是否不少于2.5m，如图2-7、图2-8所示。

图 2-7　紧急停车带标志　　图 2-8　紧急停车带位置提示标志

（4）长度大于500m的隧道是否设置疏散指示标志，疏散指示标志与检修道顶面高度是否满足不大于1.3m的要求，疏散指示标志间距是否满足不大于50m的要求，如图2-9所示。

图 2-9 疏散标志

（5）设有紧急电话设施的隧道是否设置紧急电话指示标志，紧急电话指示标志是否设置在紧急电话上方，如图 2-10 所示。

（6）设有消防设施的隧道是否设置消防设备指示标志，消防设备指示标志是否设置在消防设备上方，如图 2-11 所示。

图 2-10　紧急电话指示标志　　图 2-11　消防设备指示标志

（7）隧道内部车道指示器是否正常运行，如图 2-12 所示。

图 2-12　隧道内部车道指示器

4. 行车视认方面

（1）长度 $L>200m$ 的一级公路隧道，$100m<$ 长度 $L\leqslant 200m$ 的一级公路光学长隧道，长度 $L>1000m$ 的二级公路隧道，长度 $L>1000m$ 的三级公路、四级公路隧道且隧道路段视距不良、交通方式组成复杂的隧道是否设置照明设施。

（2）入出口照明亮度是否存在过高或过低问题，导致黑洞、白洞或眩光效应，如图2-13、图2-14所示。

图2-13　隧道黑洞效应

图2-14　隧道白洞效应

（3）中间段照明是否满足行车视认的需求，路面是否存在暗斑，交通标线是否视认清晰，如图2-15所示。

图2-15　隧道路面暗斑

（4）洞内风机是否正常运转，能见度是否满足行车需求，洞内标志能否视认清晰，如图2-16所示。

图2-16　洞内能见度良好

5. 监控紧急消防方面

（1）隧道内摄像机功能是否正常（图2-17）。

图 2-17 隧道监控中心

（2）隧道内紧急电话功能是否正常（图2-18）。

图 2-18 隧道紧急电话

（3）隧道内紧急广播功能是否正常（图2-19）。

图2-19　隧道紧急广播

（4）隧道内火灾探测器、手动报警按钮、火灾声光报警器功能是否正常（图2-20）。

图2-20　隧道消防设施

（5）隧道内消火栓、灭火器、防火门、防火卷帘等消防设施功能是否正常（图2-21）。

图 2-21　隧道通道防火门

三、隧道出口段

重点排查出口段线形、出口段预告过渡及出口段防护等三个方面。

1. 出口段线形方面

（1）平面线形，排查出口段曲线线形是否

存在视距不良、通视条件较差等问题,如图2-22所示。

图 2-22　出口段视距不良

(2)纵断面线形,排查出口段变坡点竖曲线半径是否太小,洞口是否处于坡顶或坡底,是否存在视距不良、通视条件差等问题。

(3)出口段平面线形及纵断面线形是否满足3s设计速度行程长度,即隧道内、隧道外各3s设计速度行程长度的平纵线形保持一致。

2. 出口段预告过渡方面

(1)长度超过5km的特长隧道内,是否设置隧道 3km、2km、1km 隧道出口距离标志，如图 2-23 所示。

图 2-23　隧道出口预告标志

（2）出口段是否设置解除禁止超车禁令标志。

（3）隧道出口后 100m 范围内，是否设置禁止跨越对向行车道分界线或禁止跨越同向行车道分界线。

（4）隧道洞口内外 3s 行程范围内路面材料是否一致，不一致的是否进行防滑处理。

（5）隧道出口前适当位置可根据洞外环境设置可变限速标志和可变信息标志，如恶劣天气、互通匝道、平交路口等预告信息。

3. 出口段防护方面

出口段左右两侧不同形式的护栏是否进行过渡处理，护栏是否渐变至隧道出口，是否与隧道壁搭接平顺，是否有护栏端头暴露于迎车面。

第三章

治理措施

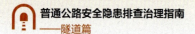

隧道路段主要治理措施为加强警示提示设施及安全防护设施，同时加强设施巡检，保障设施有效可靠。

一、隧道入口段

1. 交通标线

（1）隧道入口前 150m 范围内，视隧道类型设置禁止跨越对向行车道分界线或禁止跨越同向行车道分界线。

（2）隧道入口宽度窄于路基或桥梁时，一级公路隧道入口前不少于 50m 范围，其他公路不少于 30m 范围的右侧硬路肩或左侧路缘带内设置导流线。

(3)入口洞门应设置距离路面2.5m以上的立面反光标记。

2. 交通标志

隧道入口前100~200m处应设置限制速度标志、禁止超车标志、开车灯标志及隧道信息标志；一级公路隧道应在适当位置设置可变限速标志和可变信息标志。

3. 防护设施

入口段左右两侧不同形式的护栏应渐变至隧道入口并与隧道壁平齐搭接；隧道内通行非机动车时，机非隔离栏杆与护栏应进行安全处理。

4. 诱导设施

隧道入口视距不足路段可设置线形诱导标，有条件路段可增设科技提示管控设施，如会车预警系统。

隧道入口治理示例见图3-1。

图3-1 隧道入口治理示例

二、隧道内部

（1）隧道路面应保持平整稳定，入口、出口路面应满足摩擦性指标，排水应顺畅。

（2）隧道内应设置行车道边缘线、隧道侧壁双向轮廓标、检修道侧壁轮廓标、轮廓带及道钉等视线诱导设施。

（3）隧道内设有紧急停车带、人行横通道、车行横通道、紧急电话、消防设施的应在其附近设置指示标志，5km以上的特长隧道还应设置出口预告指示标志，以上宜采用主动发光或照明式标志，并具有150m以上的视认距离。

（4）隧道入口、出口照明应与洞外环境亮度协调，无黑洞、白洞眩光效应；洞内照明应亮度均匀、风机应正常运转，满足行车视认需求。

（5）隧道内紧急电话、隧道广播、火灾探测器、手动报警按钮、消火栓、灭火器、人行横通道及车行横通道防火门等各类设施应满足正常使用功能。

三、隧道出口段

（1）隧道出口后100m范围内，视隧道类型设置禁止跨越对向行车道分界线或禁止跨越同向行车道分界线。

（2）出口段视洞外环境设置解除禁止超车标志。

（3）出口段护栏应渐变至隧道出口并与隧道壁平齐搭接。

（4）出口段视距不良路段可设置线形诱导标，有条件可增设科技提示管控设施，如会车预警系统。

（5）出口段适当位置可根据洞外环境设置可变限速标志和可变信息标志，如恶劣天气、互通匝道、平交路口预告等。

（6）长度超过 5km 的特长隧道设置 3km、2km、1km 隧道出口距离标志。

第四章

典型案例

一、隧道1

1. 隧道概况

隧道1为二级公路隧道,双向两车道,长520m,洞内外均为沥青路面,路面宽度10 m,无照明通风设施,如图4-1、图4-2所示。

图4-1 隧道1地理位置图

第四章 典型案例

图 4-2 隧道 1 整改前

2. 安全隐患分析

（1）入口段：

①入口段无隧道信息、开车灯、限制速度标志，驾驶人不能及时了解隧道基本情况；

②隧道入口前禁止跨越对向行车道分界线不足150m，行车道边缘线、立面反光标记磨损严重，路权分配不清；

③入口段平面线形为连续弯路，纵面线形为凸形竖曲线变坡点，入口视距不良。

（2）隧道内部：

隧道内无照明通风设施，驾驶视认不佳，不能很好观察视认对向来车情况，发生车辆对撞风险较大。

3. 改善措施

（1）入口段：

①入口段设置隧道信息、开车灯、限制速度

标志；

②隧道出入口至变坡点施划禁止跨越对向行车道分界线、行车道边缘线、减速标线，洞口内外设彩色防滑标线，洞口重新涂刷立面反光标记；

③隧道出入口前50m，行车道右侧设会车预警系统提醒对向来车，注意安全。

（2）隧道内部：

设置禁止跨越对向行车道分界线、行车道边缘线及隧道侧壁轮廓标，间隔150m设3处轮廓带，增强行车视线诱导，并在隧道内增加主动发光设施。

隧道整改后如图4-3所示。

图 4-3　隧道 1 整改后

二、隧道 2

1. 隧道概况

隧道 2 为一级公路隧道，洞外单向三车道，洞内单向两车道，隧道长 1400m，洞内外均为水泥混凝土路面，洞内设有照明通风设施，如图 4-4、图 4-5 所示。

第四章 典型案例

图 4-4 隧道 2 地理位置图

图 4-5 隧道 2 整改前

2. 安全隐患分析

（1）隧道入口段单向三车道，隧道内部单向两车道，虽洞口设有立面标记，但仍存在车辆撞击洞门、棚洞、检修道的单车事故风险。

（2）隧道入口段三车道骤变两车道，无导流线、主动发光突起路标提示，道路变窄缺少提前警示提示。

3. 改善措施

（1）入口段300m范围内，三车道通行改为两车道通行，左一车道禁止通行，并设车道减少警告标志。

（2）左一车道洞口外设150m导流线，并设混凝土护栏与隧道检修道搭接；混凝土护栏端头前设防撞桶进行警示。

（3）左二、左三车道设视觉减速标线、主动发光凸起路标，洞口设彩色防护标线，提醒驾驶人减速慢行。

隧道 2 整改后如图 4-6 所示。

图 4-6　隧道 2 整改后

附录一　隐患排查对照表

隧道路段隐患排查对照表　　附表1-1

排查位置及类型		主要排查内容	是	否
隧道入口段	入口段线形方面	排查入口段曲线线形是否存在视距不良、通视条件较差等问题		
		排查入口段变坡点半径是否太小，洞口是否处于坡顶或坡底，存在视距不良、通视条件差等问题		
		入口段平面线形和纵断面线形是否满足3s设计速度行程长度，即隧道内、隧道外各3s设计速度行程长度的平纵线形保持一致的规定		
	隧道提示指示方面	隧道入口前150m范围内是否设置禁止跨越对向行车道分界线或禁止跨越同向行车道分界线		
		隧道入口宽度窄于洞外路基或桥梁段时，一级公路隧道入口前不少于50m范围，其他公路不少于30m范围的右侧硬路肩或左侧路缘带内是否设置导流线		

续上表

排查位置及类型		主要排查内容	是	否
隧道入口段	隧道提示指示方面	隧道洞口内外 3s 行程范围内路面材料是否一致，不一致的是否进行防滑处理		
		隧道入口洞门是否设置立面反光标记，立面反光标记是否距离路面 2.5m 以上		
		入口段是否设置行车道边缘线		
		入口段是否设置限制速度、禁止超车等禁令标志		
		入口段是否设置开车灯标志		
		长度大于 500m 的隧道，入口段是否设置隧道信息标志（包括隧道名称、长度等信息）		
		一级公路入口段是否设置可变限速标志和可变信息标志		
	隧道防护方面	入口段左右两侧不同形式的护栏是否进行过渡处理，是否渐变至隧道入口，是否与隧道壁搭接平顺，护栏端头是否暴露于迎车面		
		隧道内通行非机动车时，机非隔离栏杆与护栏是否安全处理		

续上表

排查位置及类型		主要排查内容	是	否
隧道内部	行车稳定方面	隧道内部路面是否平整,是否存在坑槽、塌陷现象;隧道内部排水设施是否通畅,是否出现排水沟堵塞、路面积水现象;隧道入口、出口路面摩擦性是否满足相关标准要求		
	行车诱导方面	隧道侧壁和检修道侧壁是否设置双向反光轮廓标,是否在公路前进方向左右两侧对称设置,一级公路应为"左黄右白",二级及以下等级公路两侧应均为白色		
		特长隧道、长隧道是否按照500m间距设置轮廓带		
		隧道平曲线小于一般值时,是否设置线形诱导标,诱导标底部与路面边缘高差是否为1.2~1.5m,驾驶人在曲线范围内能否看到不少于3块线形诱导标志		
	行车指示方面	设有人行横通道的公路隧道是否设置人行横通道指示标志		
		设有车行横通道的公路隧道是否设置车行横通道指示标志		

续上表

排查位置及类型		主要排查内容	是	否
隧道内部	行车指示方面	设有紧急停车带的公路隧道是否设置紧急停车带位置提示标志、紧急停车带指示标志,紧急停车带迎车面是否设置立面反光标记,紧急停车带指示标志是否设置于紧急停车带入口前 5m,标志底部与路面边缘高差是否不少于 2.5m		
		长度大于 500m 的隧道是否设置疏散指示标志,疏散指示标志与检修道顶面高度是否满足不大于 1.3m 的要求,疏散指示标志间距是否满足不大于 50m 的要求		
		设有紧急电话设施的隧道是否设置紧急电话指示标志,紧急电话指示标志是否设置在紧急电话上方		
		设有消防设施的隧道是否设置消防设备指示标志,消防设备指示标志是否设置在消防设备上方		
		隧道内部车道指示器是否正常运行		
	行车视认方面	长度 $L>200m$ 的一级公路隧道,$100m<长度\ L\leq200m$ 的一级公路光学长隧道,长度 $L>1000m$ 的二级公路隧道,长度 $L>1000m$ 的三级公路、四级公路隧道且隧道路段视距不良、交通量组成复杂的隧道是否设置照明设施		

续上表

排查位置及类型		主要排查内容	是	否
隧道内部	行车视认方面	入出口照明亮度是否存在过高或过低问题，导致黑洞、白洞或眩光效应		
		中间段照明是否满足行车视认的需求，路面是否存在暗斑，交通标线是否视认清晰		
		洞内风机是否正常运转，能见度是否满足行车需求，洞内标志能否视认清晰		
	监控紧急消防方面	隧道内摄像机功能是否正常		
		隧道内紧急电话功能是否正常		
		隧道内广播功能是否正常		
		隧道内火灾探测器、手动报警按钮、火灾声光报警器功能是否正常		
		隧道内消火栓、灭火器、防火门、防火卷帘等消防设施功能是否正常		
隧道出口段	出口段线形方面	出口段曲线线形是否存在视距不良、通视条件较差等问题		
		出口段变坡点半径是否太小，洞口是否处于坡顶或坡底，存在视距不良、通视条件差等问题		

附录一　隐患排查对照表

续上表

排查位置及类型		主要排查内容	是	否
隧道出口段	出口段线形方面	出口段平面线形及纵断面线形是否满足3s设计速度行程长度，即隧道内、隧道外各3s设计速度行程长度的平纵线形保持一致的规定		
	出口段预告过渡方面	长度超过5km的特长隧道内，是否设置隧道3km、2km、1km隧道出口距离标志		
		出口段是否设置解除禁止超车禁令标志		
		隧道出口后100m范围内，是否设置禁止跨越对向行车道分界线或禁止跨越同向行车道分界线		
		隧道洞口内外3s行程范围内路面材料是否一致，不一致的是否进行防滑处理		
		隧道出口前适当位置可根据洞外环境设置可变限速标志和可变信息标志，如恶劣天气、互通匝道、平交路口预告等		
	出口防护方面	出口段左右两侧不同形式的护栏是否进行过渡处理，护栏是否渐变至隧道出口，是否与隧道壁搭接平顺，是否有护栏端头暴露于迎车面		

注：根据排查情况在对应的单元格内打"√"。

附录二 隐患治理措施表

隧道路段隐患治理措施表　　　附表 2-1

位置	措施
隧道入口段	隧道入口前 150m 范围内，视隧道类型设置禁止跨越对向行车道分界线或禁止跨越同向行车道分界线
	隧道入口宽度窄于路基或桥梁时，一级公路隧道入口前不少于 50m 范围，其他公路不少于 30m 范围的右侧硬路肩或左侧路缘带内设置导流线
	入口洞门应设置距离路面 2.5m 以上的立面反光标记
	隧道入口前 100~200m 处应设置限制速度标志、禁止超车标志、开车灯标志及隧道信息标志；一级公路隧道应在适当位置设置可变限速标志和可变信息标志
	入口段左右两侧不同形式的护栏应渐变至隧道入口并与隧道壁平齐搭接；隧道内通行非机动车时，机非隔离栏杆与护栏应进行安全处理
	隧道入口视距不足路段可设置线形诱导标，有条件路段可增设科技提示管控设施，如会车预警系统
隧道内部	隧道路面应保持平整稳定，入口、出口路面应满足摩擦性指标；排水应顺畅

续上表

位置	措施
隧道内部	隧道内应设置行车道边缘线、隧道侧壁双向轮廓标、检修道侧壁轮廓标、轮廓带及道钉等视线诱导设施
	隧道内设有紧急停车带、人行横通道、车行横通道、紧急电话、消防设施的应在其附近设置指示标志，5km以上的特长隧道还应设置出口预告指示标志，以上宜采用主动发光或照明式标志，并具有150m以上的视认距离
	隧道入口、出口照明应与洞外环境亮度协调，无黑洞、白洞眩光效应；洞内照明应亮度均匀、风机应正常运转，满足行车视认需求
	隧道内紧急电话、隧道广播、火灾探测器、手动报警按钮、消火栓、灭火器、人行横通道及行车横通道防火门等各类设施应满足正常使用功能
隧道出口段	隧道出口后100m范围内，视隧道类型设置禁止跨越对向行车道分界线或禁止跨越同向行车道分界线
	出口段视洞外环境设置解除禁止超车标志
	出口段护栏应渐变至隧道出口并与隧道壁平齐搭接
	出口段视距不良路段可设置线形诱导标，有条件可增设科技提示管控设施，如会车预警系统
	出口段适当位置可根据洞外环境设置可变限速标志和可变信息标志，如恶劣天气、互通匝道、平交路口预告等
	长度超过5km的特长隧道设置3km、2km、1km隧道出口距离标志

附录三　主要参考标准与规范

1.《公路隧道照明设计细则》（JTG/T D702-01—2014）

3.0.2　各级公路隧道照明设置条件应符合下列要求：

1　长度 L>200m 的高速公路隧道、一级公路隧道应设置照明。

2　100m< 长度 L≤200m 的高速公路光学长隧道、一级公路光学长隧道应设置照明。

3　长度 L>1000m 的二级公路隧道应设置照明；500m< 长度 L≤1000m 的二级公路隧道宜设置照明；三级、四级公路隧道应根据实际情况确定。

4 有人行需求的隧道,应根据隧道长度和环境条件设置满足行人通行需求的照明设施。

5 不设置照明的隧道应设置视线诱导设施。

2.《公路隧道设计规范　第一册　土建工程》(JTG 3370.1—2018)

1.0.4 公路隧道可按其长度划分为四类,划分标准应符合表 1.0.4 的规定。

4.3.6 隧道洞外连接线线形应与隧道协调,隧道洞口内外侧各 3s 设计速度行程长度范围的平、纵线形应一致。特殊困难地段,经技术经济比较论证后,洞口内外平曲线可以采用缓和曲线,但应加强线形诱导设施。

3.《公路隧道设计规范 第二册 交通工程与附属设施》(JTG D70/2—2014)

2.1.1 电光标志

内置电光源,带有一定图形、符号、文字的发光标志。

2.1.3 光学长隧道

距洞口一个停车视距处,在道路中心线、离地面1.5m高位置不能完全看到出口的曲线隧道。

4.2 标志

4.2.1 隧道信息标志的设计应符合下列规定:

1 长度大于500m的隧道,宜设置隧道信息标志,版面样式与内容应符合本规范附录A的有关规定。

2 隧道信息标志宜设置在隧道入口前

30~250m 处。

4.2.2 隧道开车灯标志的设计应符合下列规定：

1 公路隧道应设置隧道开车灯标志。

2 隧道开车灯标志宜设置在隧道入口前 30~250m 处。

3 设置有隧道信息标志的，隧道开车灯标志与隧道信息标志宜合并设置。

4.2.3 隧道限高标志、限宽标志的设计应符合下列规定：

1 公路隧道可根据路网总体交通组织情况，设置隧道限高标志及限宽标志。

2 限高标志及限宽标志宜设置在隧道洞口联络通道前 50~150m 处；无联络通道时，宜设置在隧道入口前 150m 左右。

4.2.4 限速标志的设计应符合下列规定：

1 公路隧道宜设置限速标志，限速值可根据

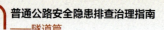

隧道行车条件及路网总体交通组织情况确定。

2 限速标志宜设置在隧道入口前 100~200m 处，可与隧道限高标志同处设置。

4.2.5 紧急电话指示标志的设计应符合下列规定：

1 设有紧急电话设施的公路隧道内应设置紧急电话指示标志。

2 紧急电话指示标志应设置于紧急电话上方，底部与检修道高差宜为 2.5m。

3 标志版面尺寸宜为 25cm×40cm，可根据隧道设计净空调整。

4 洞内紧急电话指示标志宜采用电光标志，照明方式宜为内部照明，双面显示。

4.2.6 消防设备指示标志的设计应符合下列规定：

1 公路隧道内应设置消防设备指示标志，版面样式与内容应符合本规范附录 A 的有关规定。

2 消防设备指示标志应设置于消防设备箱上方，底部与检修道高差宜为 2.5m。

3 标志版面尺寸宜为 25cm×40cm，可根据隧道设计净空调整。

4 消防设备指示标志宜采用电光标志，照明方式宜为内部照明，双面显示。

4.2.7 人行横通道指示标志的设计应符合下列规定：

1 设有人行横通道的公路隧道应设置人行横通道指示标志，版面样式与内容应符合本规范附录 A 的有关规定。

2 人行横通道指示标志应设置于人行横通道顶部，底部与检修道高差宜为 2.5m。

3 标志版面尺寸宜为 50cm×80cm，可根据隧道设计净空调整。

4 人行横通道指示标志宜采用电光标志，照明方式宜为内部照明，双面显示。

4.2.8 车行横通道指示标志的设计应符合下列规定：

1 设有车行横通道的公路隧道应设置车行横通道指示标志，版面样式与内容应符合本规范附录A的有关规定。

2 车行横通道指示标志应设置于车行横通道洞口右侧处，底部与检修道高差不应小于2.5m。

3 标志版面尺寸宜为50cm×80cm，可根据隧道设计净空调整。

4 车行横通道指示标志宜采用电光标志，照明方式宜为内部照明，双面显示。

4.2.9 疏散指示标志的设计应符合下列规定：

1 长度大于500m的公路隧道内应设置疏散指示标志，版面样式与内容应符合本规范附录A的有关规定。

2 疏散指示标志应设置于隧道两侧墙上，

底部与检修道高差不应大于 1.3m，间距不应大于 50m。

3 标志版面尺寸宜为 75cm×25cm，可根据隧道设计净空调整。

4 疏散指示标志宜采用电光标志，照明方式宜为内部照明，单面显示。

4.2.10 隧道出口距离预告标志的设计应符合下列规定：

1 特长隧道内应设置隧道出口距离预告标志，版面样式与内容应符合本规范附录 A 的有关规定。

2 隧道出口距离预告标志宜设置在隧道紧急停车带迎车方向端部壁上，底部与路面边缘高差宜为 1.5m。

3 隧道出口距离预告标志宜采用反光标志。

4.2.11 紧急停车带标志的设计应符合下列规定：

1 设有紧急停车带的公路隧道内应设置紧急停车带标志。

2 紧急停车带标志应设置于紧急停车带入口前5m左右,底部与路面边缘高差不应小于2.5m。

3 标志版面尺寸宜为50cm×80cm,可根据隧道设计净空调整。

4 紧急停车带标志宜采用电光标志,照明方式宜为内部照明,双面显示。

4.2.12 紧急停车带位置提示标志的设计应符合下列规定:

1 公路隧道内紧急停车带处应设置紧急停车带位置提示标志,版面样式与内容应符合本规范附录A的有关规定。

2 紧急停车带位置提示标志宜设置在紧急停车带侧壁上,标志底部与检修道高差宜为1.0m。

3 紧急停车带位置提示标志宜采用反光标志。

4.2.15 线形诱导标的设计应符合下列规定：

1 平曲线半径小于一般最小半径的曲线隧道，应设置线形诱导标。

2 线形诱导标应设于隧道侧壁，设置间距可为 1/3 停车视距，并应保证驾驶员在曲线范围内能同时看到不少于 3 块线形诱导标。诱导标底部与路面边缘高差应为 1.2~1.5m。

4.2.16 电光标志应满足以下技术要求：

1 电光标志防护等级不应低于 IP65。

2 疏散指示标志的表面最小亮度不应小于 5cd/m²，最大亮度不应大于 300cd/m²，白色、绿色本身最大亮度与最小亮度比值不应大于 10；白色与相邻绿色交界两边对应点的亮度比不应小于 5 且不应大于 15。

3 除疏散指示标志外的电光标志，其白色部分最小亮度不应小于 150cd/m²，最大亮度不应大于 300cd/m²，亮度均匀度不应小于 70%。

4.3 标线

4.3.1 标线的设计应符合下列规定：

1 隧道内的车行道边缘线、车行道分界线可采用振荡标线。

2 单洞双向交通隧道的车行道分界线宜采用振荡标线。

3 隧道内禁止跨越同向车行道分界线，在入口端应向洞外延伸150m，在出口端应向洞外延伸100m。

4 设置交通信号灯的隧道，入口前应设置停止线。

5 洞口联络通道应进行渠化。

6 标线涂料宜采用热熔型反光涂料。

4.3.2 突起路标的设计应符合下列规定：

1 隧道的车行道分界线上宜设置突起路标。

2 隧道的车行道边缘线上可设置突起路标。

4.3.3 立面标记的设计应符合下列规定：

1 宜在隧道洞门、洞内紧急停车带的迎车面端部设置立面标记。

2 立面标记应从检修道顶面开始，涂至2.5m高度。

4.4 轮廓标

4.4.1 隧道内应设置双向轮廓标。

4.4.2 轮廓标应同时设置于隧道侧壁和检修道边缘。

4.4.3 轮廓标的设置间距宜为6~15m，宜与突起路标设置于相同横断面。设置在隧道侧壁上的轮廓标，安装中心位置与路面边缘高差宜为70cm。

4.4.4 在隧道进、出口段200~300m范围内，可设置主动发光型轮廓标。

7.2 交通监测设施

7.2.1 交通监测设施应具备检测隧道内交通信息、车辆运行状况，监视隧道交通运营状态的功能。

7.2.2 应根据控制管理对数据采集的要求、制订交通控制方案的需要,确定车辆检测器设置位置和数量。在隧道出入口处设置时,应满足下列要求:

1 在隧道入口前设置车辆检测器时,宜设置在联络通道前200~300m处;无联络通道时,宜设置在隧道入口前200~300m处。

2 在隧道出口后设置车辆检测器时,宜设置在出口后200~300m处。

7.2.4 视频事件检测器的设计应符合下列规定:

1 视频事件检测器宜设置在洞口、紧急停车带、横通道等区域。

2 视频事件检测器应能检测下列事件:停车、交通堵塞、车辆行驶速度低于允许最低行驶速度、行人、车辆逆行、火灾、车辆掉物、车辆抛物。

8.2 紧急电话设施

8.2.1 紧急电话设施宜按下列原则设置：

1 紧急电话主控设备宜设置在中央控制室。

2 隧道内紧急电话分机设置间距不宜大于200m。

3 紧急电话分机宜设置于隧道入口、隧道出口、隧道内紧急停车带、人行横通道处。

4 隧道内自入口起200m范围之内不应设置紧急电话分机。

10.2 消防灭火设施

10.2.1 消防灭火设施设计内容应包括灭火器、消火栓、固定式水成膜泡沫灭火装置、隧道消防给水设施及其他设施等。

10.3.5 人行横通道设计应符合下列规定：

1 人行横通道应有良好的防排水措施，道面应防滑。

2 人行横通道纵坡大于20%时，宜设置踏步台阶，边墙两侧宜设扶手，扶手高度宜为0.9m。

3 人行横通道的两端应设防火门。

10.3.6 车行横通道设计应符合下列规定：

1 车行横通道的纵坡不宜大于5%，最大纵坡不应大于10%。

2 车行横通道应设防火卷帘，防火卷帘应具备现场和远程控制开闭功能。

4.《公路交通安全设施设计细则》（JTG D81—2017）

5.2.6 隧道出入口路段的交通标线设计应符合下列规定：

1 隧道入口应设置立面标记；宽度窄于路基或桥梁的隧道入口前30~50m范围的右侧硬路肩内应设置导流线；隧道入口前150m范围应设置

禁止跨越同向车行道分界线，线宽与车行道分界线一致；可根据需要设置振动型减速标线或彩色防滑标线。见附录 A.1.1。

2 隧道出口后 100m 范围应设置禁止跨越同向车行道分界线，线宽与车行道分界线一致；隧道出口后一定长度的硬路肩可设置导流线；可根据需要设置彩色防滑标线。见附录 A.1.2。

条文说明

隧道洞口路段往往是事故多发路段，隧道洞口路段交通标线的设置重点是确保隧道洞口的行车安全。主要包括：通过设置隧道洞口立面标记，使隧道洞口更加醒目；在洞口设置导流线，促使驾驶人按标线行驶。对于隧道洞口内外3s行程范围内路面材料不一致的，可设置彩色防滑标线，将路面材料不一致对驾驶人的影响降到最小。

6.2.2 路侧护栏的设置及防护等级的选取应符合下列规定：

5 高速公路、一级公路及作为干线的二级公路的隧道出入口处，护栏应进行过渡段设计；作为集散的二级公路及三、四级公路的隧道出入口处，护栏宜进行过渡段设计。入口处过渡设计应符合下列规定：

1）宜通过混凝土护栏渐变或采用混凝土翼墙进入隧道洞口处。

2）护栏进入隧道洞口的渐变率不宜超过表 6.2.2-2 的规定值。

3）混凝土护栏或翼墙迎交通流一侧在隧道洞口处宜与检修道内侧立面平齐。

4）混凝土护栏或翼墙进入隧道洞口前可根据需要适当渐变加高，在隧道洞口处不得低于检修道高度。

6.2.7 波形梁护栏设计时，应符合下列规定：

9 隧道出入口处波形梁护栏的端头处理应符合下列规定：

1）隧道入口处的路侧波形梁护栏宜渐变向隧道延伸，在隧道洞口处设置与检修道断面相匹配的过渡翼墙，如附录C图C.2.16所示。

2）隧道出口处的路侧波形梁护栏可采用与隧道壁搭接的方式，端部护栏板应进行斜面焊接处理。

6.2.8 混凝土护栏设计应符合下列规定：

10 隧道入口处的混凝土护栏宜按表6.2.2-2规定的外展率向隧道延伸，在隧道洞口处设置与检修道断面相匹配的过渡翼墙，如附录图C.2.16所示。隧道出口处的混凝土护栏可采用正常线形延伸至隧道洞口的处理方式。

7.2.4 隧道轮廓带的设置应符合下列规定：

1 特长隧道、长隧道可每隔500m设置一处隧道轮廓带。视距不良等特殊路段宜适当加密。

2 无照明的二级及二级以下公路隧道可视需要设置隧道轮廓带。

3 紧急停车带、隧道横洞前适当位置宜设置隧道轮廓带。

4 隧道轮廓带应避免产生眩光。

A.1.1 隧道入口交通标线设置示例如图 A.1.1 所示。

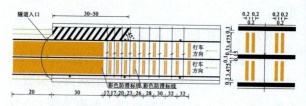

图 A.1.1 隧道入口路段交通标线设置示例（尺寸单位：m）

参考文献

[1] 中华人民共和国交通运输部.公路隧道照明设计细则:JTG/T D702-01—2014[S].北京:人民交通出版社股份有限公司,2014.

[2] 中华人民共和国交通运输部.公路隧道设计规范 第一册 土建工程:JTG 3370.1—2018[S].北京:人民交通出版社股份有限公司,2018.

[3] 中华人民共和国交通运输部.公路隧道设计规范 第二册 交通工程与附属设施:JTG D70/2—2014[S].北京:人民交通出版社股份有限公司,2014.

[4] 中华人民共和国交通运输部.公路交通安全设施设计细则:JTG D81—2017[S].北京:人民交通出版社股份有限公司,2017.

策划编辑：何　亮　杨丽改
责任编辑：杨丽改　刘捃梁
封面设计：房　彬　王红锋

普通公路安全隐患
排查治理指南

平交路口篇	穿村过镇篇
弯坡路段篇	不良路段组合篇
✓ 隧道篇	施工路段篇
路侧险要篇	……

交通言究社

运管人员的
专业知识助手

官方微店

官方微信公众号

ISBN 978-7-114-19544-

9 787114 195440

定价：20.00元